for your life

The BOOK *of* ANSWERS

내 인생의 해답

CAROL BOLT

SHOWBEE

'내 인생의 해답' 사용법

1. 책을 덮은 채로 손이나 무릎 또는 테이블에 놓는다.

2. 10~20초 동안 당신의 질문에 집중한다.
   질문은 한번에 하나씩, 완전한 문장으로 하는 것이 좋다.
   (예: "이번에 취업이 될까요?" 또는 "이번 계약이 잘 성사될까요?",…)

3. 질문에 집중하는 동안 한 손은 책 표지 위에 올리고, 다른 한 손은 손가락 끝으로 페이지 모서리를 훑는다.

4. 질문에 대한 답을 볼 준비가 되었다고 느껴질 때, 손가락을 멈춘다.
   멈춘 곳의 페이지를 열면, 바로 당신의 질문에 대한 답이 있다.

5. 질문이 있을 때마다, 같은 방법으로 답을 얻을 수 있다.

답을 구하시나요? 이 책 속에 있습니다.

실행에 옮기면 좋아질 것이다

장담하지 마라

적극적인 자세로 임해라

전문가의 조언에 따라라

타협이 쉽지 않음을 깨닫게 될 수도

집안일에 집중하라

충분히 알아보고 나서 즐겨라

확실하다

예측불가

절대 아니다

장난스러운 호기심으로
접근해 보라

안심하고 믿어라

기다리는 편이 낫다

확실해 보인다

당장 해라

비밀로 간직해라

그로 인해 멋진 일들이 일어날지도

답은 다른 모습으로 나타날지도

받아들일 필요가 있을 것이다

음,,, 글쎄

행운을 가져다 줄 것이다

참고 기다려라

알아야 할 모든 것을 알게 될 것이다

주의 깊게 상황을 주시하라

당신의 이미지에 영향을 줄 것이다

하기 잘 했다 할 것이다

문서화 해라

이번에는 흡족하지 않을 지도

최대한 업그레이드 시켜라

시킨 대로 한다면

제대로 준비되었다는 가정 하에;
그렇지 않다면, 꿈도 꾸지 마라

이번에는 더 이상 요구하지 마라

첫 번째 방안은 피하도록

결론을 듣게 될 것이다

조금 더 여유를 가지고 진행해라

뻔한 것은 최선책이 아닐 수도 있다

융통성 있게

그것은 당신의 능력 밖이다

감사할 일이 있을 것이다

경험을 즐겨라

신중하게 접근하라

꼼꼼하게 살피도록

돌다리도 두드려라

소신을 가져라

망설이지 마라

새로운 계획을 세우기에
좋은 타이밍이다

넘어가라

보장은 없다

상황이 급변하게 될 것이다

감상에 빠지지 마라

초점을 바꿔라

명백하다

우선순위를 다시 체크할 것

부정적 요인의 리스트를 작성하라

기다리지 마라

기억에 남을 만한 일이 될 것이다

해결 될 것이다

더 많은 옵션을 찾아보라

당신의 의무를 다해라

나중에 처리하라

다른 누군가의 지시에 따라라

이유의 리스트를 작성해보라

기회를 잡아라

당신의 일상에 변화를 받아들여라

당신이 주도권을 잡을 필요가 있다

타협해야 할 것이다

더 많은 정보가 필요할 것이다

애초의 생각을 믿어라

동요가 일 것이다

당신 앞의 장애물을 극복하라

당신 일에 집중하는 편이 나을 듯

기쁨이 될 것이다

더 관대해라

확신을 가져라

다른 일을 먼저 끝내라

반대가 있을지도 모른다

숲 속에서는 숲을 보지 못한다

상황이 모호하다

상당한 노력이 요구될 것이다

지금 당신에겐 휴식이 먼저다

기회는 쉽사리 다시 오지 않을 것이다

당신의 접근 방식을 재고해 보라

권할 만한 것이 아니다

더 나은 제안을 기다려라

빨리 해결해라

그렇다,
하지만 무리하지는 마라

조금 더 명확한 관점으로 보라

기회를 잡아라

이제는 할 수 있다

무리하지는 마라

당신을 지탱해 줄 것이다

대가를 치러야 할 것이다

보다 흥미로워질 것이 분명하다

현실적으로 생각하라

힘을 아껴라

확실하다

불확실하다

긍정적인 결과가 예상된다

무조건

다른 것들을 포기해야만 할 지도

염려하지 마라

예기치 못한 일들에 대비하라

별 의미 없다

그것이 당신에게 얼마나 중요한지
누군가에게 말해라

당신이 어떻게 하든, 그 결과는
오래도록 남을 것이다

오픈 마인드를 유지하라

계획을 세우기에 좋은 타이밍이다

어려울 수는 있지만, 그 안에서
가치를 찾게 될 것이다

수고할 만한 가치가 있다

극복해야 할 장애물이 있을 것이다

숨어 있던 문제가 드러날 지도

지지를 받게 된다

성공을 위해서는 도움이 필요할 것이다

협력이 성공의 열쇠다

다른 대안들도 모색해라

주도권을 가져라

실패할 리 없다

지금 바로 행동에 옮겨라

원칙을 지켜라

우직한 끈기는 마침내 보상 받을 것이다

실망하지 않을 것이다

이미 성사된 것이나 다름없다

마지막까지 초심을 잃지 마라

결정하기 전에 시간을 더 가져라

너무 성급히 행동해서는 안된다

명백한 사실들을 간과하지는 마라

굳이 싫지 않다면

고생할 만한 가치가 없다

즐기는 것 또한 잊지 마라

의심하지 마라

굳은 결의는 좋은 결과를 가져다 줄 것이다

보다 참신한 해결책을 시도하라

쾌쾌 묵은 방법들은 과감히 버려라

혼자가 아니라면

말썽의 소지가 다분하다

속히 마무리 하도록

선택이 너무 많아도 적을 때 만큼이나 어렵다

예스

더 신중하게 귀를 기울여라;
그러면 알게 될 것이다

등잔 밑이 어둡다

웃어 넘겨라

나머지는 당신의 선택에 달려 있다

넘겨 버려라

돈 낭비가 될 듯

전력투구하라

당신은 별로 관심 없다

다른 방도를 모색해 볼 필요가 있다

1년 후 즈음에는,
아무 상관 없을 것이다

시간 낭비 하지 마라

아주 특별할 수도 있다

10을 세어라;
그리고 다시 질문하라

기정사실인 듯 행동하라

우선순위를 정하는 것이 필수과정이다

상상력을 동원하라

감탄할 것이다

최선의 결정을 내리기 위해서는,
침착해라

기다려라

상황에 따른 임기응변이 필요하다

후회하게 될 것이다

의심의 여지도 없다

물론이다

그 어느 때보다 지금
가장 잘 알고 있다

당신의 직감을 믿어라

기회라고 생각해라

절대로

어머니께 여쭈어라

당신이 조금 더 나이 든 후라면…

딱 한 번만 하도록

아마도

아니요

예

실행에 옮기면 좋아질 것이다

바보같은 생각이다

장담하지 마라

적극적인 자세로 임해라

전문가의 조언에 따라라

타협이 쉽지 않음을 깨닫게 될 수도

집안일에 집중하라

충분히 알아보고 나서 즐겨라

확실하다

예측불가

절대 아니다

장난스러운 호기심으로 접근해 보라

안심하고 믿어라

기다리는 편이 낫다

확실해 보인다

당장 해라

비밀로 간직해라

그로 인해 멋진 일들이 일어날지도

답은 다른 모습으로 나타날지도

받아들일 필요가 있을 것이다

음,,, 글쎄

행운을 가져다 줄 것이다

참고 기다려라

당신이 알아야 할 모든 것은 알게 될 것이다

다른 상황으로 이어지는
중요한 연결고리가 있다

주의 깊게 상황을 주시하라

당신의 이미지에 영향을 줄 것이다

하기 잘했다 할 것이다

문서화 하라

이번에는 흡족하지 않을 지도

최대한 업그레이드 시켜라

시킨 대로 한다면

제대로 준비 되었다는 가정 하에;
그렇지 않다면, 꿈도 꾸지 마라

이번에는 더 이상 요구하지 마라

첫 번째 방안은 피하도록

결론을 듣게 될 것이다

조금 더 여유를 가지고 진행하라

뻔한 것은 최선책이 아닐 수도 있다

융통성 있게

그것은 당신의 능력 밖이다

감사할 일이 있을 것이다

경험을 즐겨라

신중하게 접근하라

꼼꼼하게 살피도록

돌다리도 두드려라

소신을 가져라

망설이지 마라

새로운 계획을 세우기에 좋은 타이밍이다

넘어가라

보장은 없다

상황이 급변하게 될 것이다

감상에 빠지지 마라

초점을 바꿔라

명백하다

중요한 것들에 대한 우선순위를
다시 체크할 것

부정적 요인의 리스트를 작성하라

기다리지 마라

낙관해 볼 만하다

기억에 남을 만한 일이 될 것이다

아니요

더 많은 옵션을 찾아보라

당신의 의무를 다해라

나중에 처리하라

다른 누군가의 지시에 따라라

이유의 리스트를 작성해 보라

기회를 잡아라

당신의 일상에 변화를 받아들여라

당신이 주도권을 잡을 필요가 있다

타협해야 할 것이다

더 많은 정보가 필요할 것이다

애초의 생각을 믿어라

동요가 일 것이다

당신 앞의 장애물을 극복하라

당신 일에 집중하는 편이 나을 듯

기쁨이 될 것이다

더 관대해라

확신을 가져라

말씽의 소지가 다분하다

속히 마무리 하도록

선택이 너무 많아도 너무 적을 때
만큼이나 어렵다

꼭 해야 한다

더 신중하게 귀를 기울여라;
그러면 알게 될 것이다

등잔 밑이 어둡다

웃어 넘겨라

나머지는 당신의 선택에 달려 있다

넘겨 버려라

돈 낭비가 될 듯

전진할 때다

전력투구하라

당신은 별로 관심 없다

다른 방도를 모색해 볼 필요가 있다

1년 후 즈음에는,
아무 상관 없게 될 것이다

시간 낭비 하지 마라

아주 특별할 수도 있다

10을 세어라;
그리고 다시 질문하라

기정사실인 듯 행동하라

우선순위를 정하는 것이 필수과정이다

상상력을 동원하라

감탄할 것이다

최선의 결정을 내리기 위해서는,
침착해라

기다려라

상황에 따른 임기응변이 필요하다

후회하게 될 것이다

의심의 여지도 없다

물론이다

그 어느 때 보다 지금
가장 잘 알고 있다

당신의 직감을 믿어라

기회라고 생각해라

아버지께 여쭈어라

절대로

어머니께 여쭈어라

당신이 조금 더 나이든 후라면…

딱 한 번만 하도록

아마도

아니요

예

다른 일을 먼저 끝내라

반대가 있을 지도 모른다

숲 속에서는 숲을 보지 못한다

상황이 모호하다

상당한 노력이 요구될 것이다

지금 당신에겐 휴식이 먼저다

기회는 쉽사리 다시 오지 않을 것이다

당신의 접근 방식을 재고해 보라

권할 만한 것이 아니다

더 나은 제안을 기다려라

빨리 해결해라

그렇다,
하지만 무리하지는 마라

조금 더 명확한 관점으로 보라

기회를 잡아라

이제는 할 수 있다

무리하지는 마라

당신을 지탱해 줄 것이다

대가를 치러야 할 것이다

보다 흥미로워질 것이 분명하다

현실적으로 생각하라

힘을 아껴라

확실하다

불확실하다

긍정적인 결과가 예상된다

무조건

다른 것들을 포기해야만 할 지도

염려하지 마라

예기치 못한 일들에 대비하라

별 의미 없다

그것이 당신에게 얼마나 중요한 지
누군가에게 말해라

어떻게 하든, 그 결과는
오래도록 남을 것이다

오픈 마인드를 유지하라

계획을 세우기에 좋은 타이밍이다

어려울 수는 있지만, 그 안에서
가치를 찾게 될 것이다

수고할 만한 가치가 있다

극복해야 할 장애물이 있을 것이다

숨어 있던 문제가 드러날지도

지지를 받게 된다

성공하기 위해서는 도움이 필요하다

협력이 성공의 열쇠다

다른 대안들도 모색해라

주도권을 가져라

실패할 리 없다

지금 바로 행동에 옮겨라

원칙을 지켜라

우직한 끈기는 마침내 보상 받을 것이다

실망하지 않을 것이다

이미 성사된 것이나 다름없다

마지막까지 초심을 잃지 마라

결정하기 전에 시간을 더 가져라

너무 성급히 행동해서는 안된다

명백한 사실들을 간과하지는 마라

굳이 싫지 않다면

고생할 만한 가치가 없다

즐기는 것 또한 잊지 마라

의심하지 마라

굳은 결의는 좋은 결과를 가져다 줄 것이다

보다 참신한 해결책을 시도하라

쾌쾌 묵은 방법들은 과감히 버려라

혼자가 아니라면

지 은 이 캐롤 볼트(Carol Bolt)

아티스트, 조각가. 언어, 회화, 조각 등 다양한 예술 분야에서 활동 중이다. 'The Book of Answers'는 그녀의 첫 번째 출판 작품이며, 현재까지 10개 언어로 번역 출판되었다. 이외에도, 'The Love Book of Answers', 'The Soul's Book of Answers' 등 계속해서 시리즈가 나오고 있다. 그녀는 미국 시애틀에 거주하고 있다.

옮 긴 이 천수현

시카고 컬럼비아 칼리지 필름 매니지먼트 전공/졸업. 미국 워너 브라더스 스튜디오에서 근무했으며, 현재 영화 시나리오 작가로 활동 중이다.

THE BOOK OF ANSWERS™

내 인생의 해답

초판 1쇄 발행일 2011년 11월 11일
초판 15쇄 발행일 2025년 12월 13일

지 은 이 캐롤 볼트(Carol Bolt)
옮 긴 이 천수현
펴 낸 이 천수현
기 획 조은주
제 작 박대원
커버디자인 KimShala Wilson

펴 낸 곳 쇼비픽쳐스(주)
등 록 2010년 2월 4일 제 2010-02호
주 소 경기도 광주시 퇴촌면 영동길 65-45
전 화 (031) 763-5265
팩 스 0303-3443-5264
이 메 일 soo.cheon@showbee.com

http://www.showbee.com
ISBN 978-89-965501-0-5-03690